AF455707

PREMIÈRE VENTE

DE

MONSIEUR JULES COUDERC

ANTIQUAIRE

MEUBLES

OBJETS D'ART

DENTELLES, BRODERIES, ÉTOFFES

TAPISSERIES ANCIENNES

PARIS, LES 6 ET 7 AVRIL 1914

Herald 8 avr. 1914

RUE DROUOT SE TERMINE LA VENTE DE M. J. COUDERC

Cette Vacation, la seule intéressante de la Journée, a produit 96,000fr.

La vente de M. Jules Couderc, antiquaire, que MM. Lair-Dubreuil, Baudoin, Paulme et Lasquin ont terminée hier, à la salle 1 de l'Hôtel Drouot, sur un total de 96,000fr., constituait la seule vacation intéressante de la journée.

Sur demande de 24,000fr., on a adjugé 20,020fr., avec les frais, deux grandes tapisseries flamandes du seizième siècle présentant des fêtes dans des paysages, compositions animées de nombreux petits personnages, avec encadrement de bordures. Deux autres tapisseries flamandes du dix-septième siècle, verdures avec volatiles, ont fait 5,400fr. D'autres tapisseries flamandes ont fait entre 1,000fr. et 1,800fr., et une tapisserie d'Aubusson, époque Louis XIV, présentant le triomphe d'un empereur romain, a trouvé preneur à 3,500fr. On a vendu 2,500fr. deux garnitures de fauteuils, ancienne tapisserie de Beauvais à fleurs, fin du dix-huitième siècle.

Parmi des dentelles, M. Lévy a obtenu pour 9,000fr., sur prisée de 12,000fr., une aube en ancien point de France Louis XIV à décor de grands ramages. Dans les meubles, on a adjugé 4,000fr. à M. Bauer une commode droite, époque Louis XVI, marqueterie de bois de couleurs, décorée d'une chasse à courre et de trophées militaires. Un bureau dos d'âne, marqueterie époque Louis XV, a fait 1,000fr.

PREMIÈRE VENTE DE M. JULES COUDERC, ANTIQUAIRE

CATALOGUE

DES

Meubles et Sièges

DU XVIIe AU XIXe SIÈCLE

EN MARQUETERIE, ACAJOU ET BOIS SCULPTÉ

Faïences et Porcelaines

BRONZES D'ART ET D'AMEUBLEMENT

Pendules, Cartels, Candélabres, Vases, Lanterne, etc.

OBJETS DE VITRINE

Orfèvrerie, Bijoux, Boites, Miniatures, Éventails

OBJETS VARIÉS — SCULPTURES

BELLES DENTELLES, ÉTOFFES, BRODERIES

TAPISSERIES ANCIENNES

LES FLANDRES, D'AUBUSSON ET DE BEAUVAIS

Le tout appartenant à Monsieur JULES COUDERC, Antiquaire

ET DONT LA VENTE AURA LIEU

HOTEL DROUOT, SALLE N° 1

LES LUNDI 6 ET MARDI 7 AVRIL 1914

A deux heures

COMMISSAIRES-PRISEURS

Me F. LAIR-DUBREUIL
6, rue Favart

Me HENRI BAUDOIN
10, rue de la Grange-Batelière

EXPERTS

MM. PAULME ET B. LASQUIN FILS

10, rue Chauchat | 11, rue de la Grange-Batelière

PARIS

EXPOSITION PUBLIQUE

Le Dimanche 5 Avril 1914, Salle N° 1, de 2 h. à 6 heures

CONDITIONS DE LA VENTE

Elle sera faite au comptant.

Les adjudicataires paieront *dix pour cent* en sus des enchères.

ORDRE DES VACATIONS

Lundi 6 Avril 1914

Faïences et Porcelaines	1	à	20
Objets de Vitrine, Orfèvrerie, Bijoux, Boîtes, Miniatures, Éventails	21		56
Objets variés. Sculptures	57		74
Bronzes d'Art et d'Ameublement (partie)	75		97

Mardi 7 Avril 1914

Bronzes d'Art et d'Ameublement (suite et fin)	98	à	113
Sièges	114		126
Meubles	127		162
Dentelles	163		176
Étoffes, Broderies	177		184
Tapisseries	185		198

Paris. — Imp. de l'Art, Ch. Berger, 41, rue de la Victoire.

DÉSIGNATION

FAIENCES ET PORCELAINES

1 — Très petite bouteille en ancienne porcelaine de Chine, décor lambrequin en bleu.

2 — Petit vase en ancienne porcelaine de la Compagnie des Indes, décor de style européen.

3 — Deux vases, formés chacun d'une théière, en ancienne porcelaine de Saxe décorée en couleur. Monture en bronze. Genre Louis XVI.

4 — Cinq pots à crème couverts en porcelaine de Paris, décor à gerbes de fleurs.

5 — Petit bouillon couvert, avec son présentoir, en porcelaine de Paris, décor semis de fleurettes.

6 — Deux compotiers carrés et trois assiettes en ancienne porcelaine de Paris, décors variés à fleurettes.

7 — Tasse en ancienne porcelaine tendre de Sèvres, décor, fond gros bleu, réserves à oiseaux, en couleur et dorure.

8 — Tasse et sa soucoupe en ancienne porcelaine tendre de Sèvres, décor, fond gros bleu, médaillons réservés à oiseaux, en couleur et dorure.

9 — Deux soupières ovales couvertes en ancienne porcelaine tendre de Tournai, décor bordure à guirlandes en bleu.

10 — Dix assiettes en ancienne porcelaine tendre de Tournai, décor armoirie, arcs et flèches en bleu.

11 — Neuf assiettes, à bord contourné, en ancienne porcelaine pâte tendre de Chantilly, décor dit à l'épi, en bleu.

12 — Deux statuettes en terre de Lorraine : Chasseur et Chasseresse.

13 — Groupe de trois amours en biscuit de Niderviller (marque).

14 — Deux statuettes en biscuit : Amour et Fillettes assis.

15 — Deux statuettes de Melpomène et Déidamie en biscuit de Sèvres.

16 — Deux statuettes en biscuit : Jeune femme debout symbolisant une source, et vieillard debout symbolisant un fleuve.

17 — Statuette en biscuit : Bacchus debout auprès d'un vase.

18 — Statuette en biscuit : Berger antique assis.

19 — Groupe : Jeune femme tenant un oiseau et un agneau auprès d'elle, en biscuit de *Nast*.

20 — Deux vases, forme Médicis, en porcelaine, à fond bleu, décorés de médaillons à paysages. Epoque Restauration.

OBJETS DE VITRINE

ORFÈVRERIE, BIJOUX, BOITES, MINIATURES

ÉVENTAILS

21 — Quatre salières en cristal, pieds en argent. Commencement du XIXe siècle.

22 — Plateau rond, à bord mouvementé, sur trois pieds, en argent anglais. Commencement du XIXe siècle.

23 — Plat creux, à bord plat, en argent ciselé, décor de branches et attributs. Travail chinois.

24 — Deux légumiers couverts, à deux anses, avec double fond, sur piédouche, en argent. Commencement du XIXe siècle.

25 — Pendentif normand en or et strass.

26 — Clé de montre en or avec topaze.

27 — Paire de pendants d'oreilles, en trois parties, en argent et chrysolithe.

28 — Paire de pendants d'oreilles en argent et or, enrichis de roses.

29 — Broche en or et argent, forme feuille et fleurette, pavée de roses.

30 — Croix en or et argent, pavée de roses.

31 — Parure en or et améthystes, comprenant : un collier, deux pendants d'oreilles, et une broche. Écrin en maroquin gaufré.

32 — Châtelaine en or ciselé, avec nœud de ruban et couronne de comte, et breloque, spatule en argent.

33 — Châtelaine en or et argent, ornée de pierres de couleurs et perles, avec montre et deux cassolettes, en forme de fruit, émaillées en couleur.

34 — Montre en cuivre ciselé, décorée d'un émail : sujet pastoral. Entourage de jargons. Fin du XVIIIe siècle.

35 — Montre en or ciselé, décor de guirlandes et attributs de l'Amour. Le cadran marqué : *Couttere*ẓ, *à Lyon*. XVIIIe siècle.

36 — Monture en or ciselé, ornée sur le boîtier d'un portrait de femme peint sur émail. Le cadran entouré de jargons. XVIIIe siècle.

37 — Quatre couteaux à manches de nacre, deux munis de lames en vermeil. XIXe siècle.

38 — Deux couteaux, manches en ancienne porcelaine tendre de Chantilly.

39 — Deux couteaux, manches en ancienne porcelaine de Saint-Cloud, décor bleu, et un couteau, manche en porcelaine de Saxe.

40 — Boîte oblongue à deux tabacs en argent et or.

41 — Tabatière, en forme de coffret rectangulaire, en écaille brune, ornements en or.

42 — Boîte ronde en écaille, décorée au vernis, avec médaillon sur le couvercle : Héloïse et Abélard. XVIIIe siècle.

43 — Boîte ronde en écaille brune, ornée sur le couvercle d'une miniature ronde : Portrait de femme, tenant un éventail. XVIIIe siècle.

44 — Boîte ronde en écaille blonde, du XVIIIe siècle, ornée sur le couvercle d'une petite aquarelle : le Retour de la moisson. Au-dessous, cheveux.

45 — Boîte ronde en écaille blonde, posée d'or et d'argent ; sur le couvercle : l'Enlèvement d'une montgolfière. Époque Louis XVI.

46 — Éventail à monture d'os posée de métal ; feuille en soie pailletée, et peinte : Offrande à l'autel de l'Amour. XVIIIe siècle.

47 — Éventail à monture d'ivoire posée de métal ; feuille en soie de couleurs variées, brodée à paillettes, et médaillon à personnages, peint à la gouache. XVIIIe siècle.

48 — Éventail en ivoire, décoré au vernis d'un sujet champêtre.

49 — Miniature ronde : Portrait de jeune femme, chevelure frisée et poudrée. Robe décolletée bleue. XVIIIe siècle.

50 — Miniature ronde, peinte en grisaille : Portrait de femme de profil, coiffée d'un bonnet. XVIIIe siècle.

51 — Miniature ronde : Portrait de femme en robe blanche décolletée, serrée à la taille par une cordelière. Époque Empire.

52 — Miniature ovale : Portrait d'homme en habit bleu, col et cravate de lingerie. Cadre-médaillon en or. XIXe siècle.

53 — Miniature ronde : Portrait présumé de Beaumarchais en habit marron.

54 — Miniature rectangulaire : Portrait de femme.

55 — Deux miniatures rondes fixées sous verre : Paysages avec ruines, animés de personnages.

56 — Miniature ronde fixée sous verre : Vue de Bordeaux (?).

OBJETS VARIÉS

SCULPTURES

57 — Deux panneaux rectangulaires en bois sculpté en bas-relief, présentant Narcisse et Léda. XVIIe siècle.

58 — Tric-trac en bois de placage. Damier en nacre et ébène. XVIIe siècle.

59 — Glace rectangulaire, à fronton ajouré, en bois sculpté, décor de feuillages de chêne, trophée, perles et rais-de-cœur. Époque Louis XVI.

60 — Deux gaines-fût de colonne, cannelées, enguirlandées, à tablette de couronnement et base carrées, en bois sculpté peint et partiellement doré. Époque Louis XVI.

61 — Coffret rectangulaire en bois peint simulant l'écaille, décor de motifs en dorure. XVIIIe siècle.

62 — Petite glace, dans un cadre à fronton en bois sculpté doré, décor de vase enguirlandé et console. XVIIIe siècle.

63 — Deux petits modèles de portes en bois sculpté. XVIIIe siècle.

64 — Collection de petits soldats en plomb polychromé, du XVIIIe siècle.

65 — Coffret-nécessaire de voyage en acajou, contenant des ustensiles en argent et porcelaine. Marqué : *Fait par Maire, fab. de nécessaires, rue Saint-Honoré, n° 154*. Époque Empire.

66 — Service à liqueurs en bronze doré, composé d'un plateau à tige centrale surmontée d'une statuette de femme allégorique ; accompagné de trois flacons en verre taillé. Époque Empire.

67 — Coffret en citronnier, contenant un service à liqueurs en verre taillé, composé de quatre flacons, douze verres à pied. XIXe siècle.

68 — Pièce de surtout, à trois plateaux, en cristal taillé. Commencement du XIXe siècle.

69 — Coffret rectangulaire en bois peint noir, décor en dorure dans le goût chinois.

70 — Ecritoire en bronze ciselé et doré, décor de palmettes ; pieds-griffes. Époque Restauration.

71 — Buvard en maroquin, avec ornements-appliques en argent.

72 — Deux statuettes de jardin en terre cuite : Enfants allégoriques.

73 — Deux statuettes de négrillons debout en bois sculpté polychromé.

74 — Bas-relief en terre cuite, d'après CLODION : Faune et deux bacchantes.

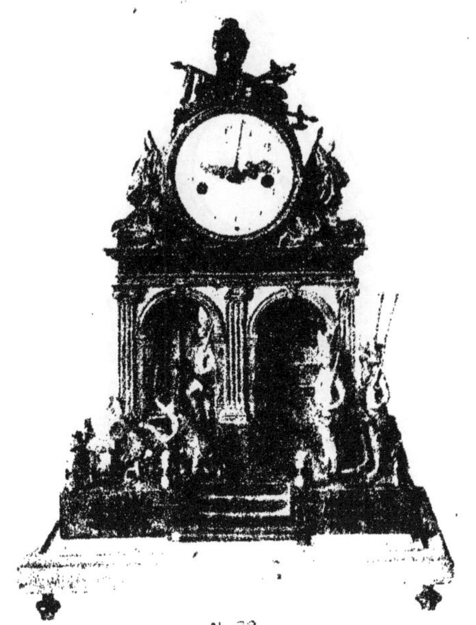

N° 78

N° 81

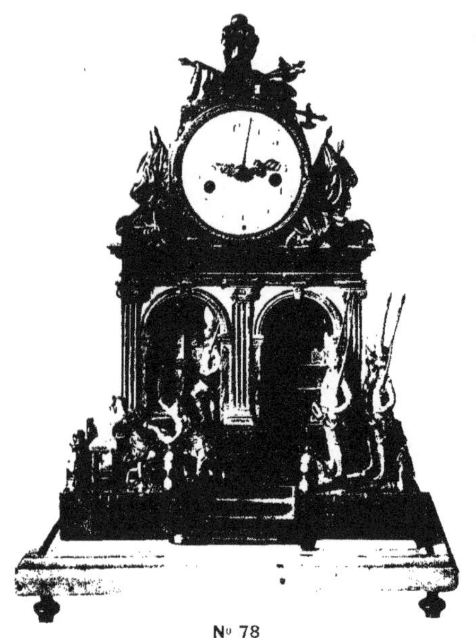

N° 78

N° 81

BRONZES D'ART ET D'AMEUBLEMENT

PENDULES, CANDÉLABRES, APPLIQUES

VASES MONTÉS, ETC.

75 — Pendule-cartel, sur son socle cul-de-lampe, en marqueterie de cuivre sur écaille; richement ornée de bronzes ciselés, à motifs représentant l'Enlèvement de Déjanire, chutes à mascarons, feuillages, fleurs de lis; le couronnement, formant dôme, est surmonté d'une figure du Temps. Elle porte la marque de *Gilles Martinot, à Paris*. Époque Louis XIV.

76 — Paire de girandoles, à cinq lumières, en bronze argenté, décor de godrons obliques. Genre Louis XV.

77 — Cartel d'applique en bronze ciselé et doré: modèle à guirlandes de laurier, grecques, vase de couronnement et culot feuillagé à graines. Le cadran est marqué: *Pn le Roy, à Paris*. Époque Louis XVI.

78 — Pendule tout en bronze ciselé, doré et partiellement verni, dite : *Au déserteur*. Elle représente une prison à pilastres et arcatures supportant le mouvement, cantonné et couronné de trophées guerriers. Sur la terrasse, une femme éplorée et des soldats. Le cadran marque les quantièmes; il est entouré d'un cercle pavé de strass, ainsi que les aiguilles. Contre-socle en marbre blanc. Époque Louis XVI.

79 — Cartel d'applique en bronze ciselé; modèle à feuillages, draperie, vase à anses, culot à palmette et mascaron. Le mouvement sonne les quarts. Le cadran porte la marque : *Lieutaud, à Paris*. Époque Louis XVI.

80 — Grande pendule en marbre blanc et marbre noir, en forme d'arc de triomphe; le mouvement est compris entre deux colonnettes couronnées de trophées guerriers. Le cadran squelette indique les jours, les quantièmes et porte la marque : *Richard, à Paris*. Il est surmonté d'une statuette de soldat romain. Base de forme contournée, à degrés. Époque Louis XVI.

81 — Pendule en marbre blanc, bronze patiné et bronze doré, composée d'un socle ovale mouluré, supportant au centre une pyramide contenant le mouvement; le cadran est marqué : *Le Blond aîné et fils*. De chaque côté, un sphinx assis; décor de rinceaux, bas-relief; couronnement à feuillage enguirlandé. Époque Louis XVI.

82 — Statuettes de femme et d'amour en bronze ciselé et doré, provenant d'une pendule. Époque Louis XVI.

83 — Pendule en marbre blanc et bronze ciselé et doré, en forme de portique à quatre colonnettes; le fronton contient le mouvement surmonté d'un lion. Base rectangulaire. Fin du XVIIIe siècle.

84 — Grande lanterne en bronze, décor de vases, petits balustres et panaches. Genre Louis XVI.

85 — Paire de candélabres, à quatre lumières, en bronze patiné et bronze doré. Ils sont composés chacun d'une statuette de femme drapée à l'antique, supportant le bouquet de lumières. Époque Empire.

86 — Grande pendule en marbre vert de mer et bronze ciselé et doré. Elle est ornée de deux statuettes représentant : Zéphyr et l'Amour. Époque Empire.

87 — Paire de candélabres, à trois lumières, en bronze ciselé, doré et patiné, composés chacun d'une statuette de femme drapée à l'antique, debout sur un hémisphère, recouvert d'une dépouille de lion, et tenant les branches porte-lumières formées de cors de chasse, d'arc et carquois. Époque Empire.

88 — Autre paire analogue.

89 — Pendule en bronze ciselé, doré et patiné, de forme ovale, simulant une fontaine, surmontée d'une statuette de Narcisse. Décor de bas-reliefs, mascarons, coquilles, etc. Le cadran marqué : *Bault et Cie. à Paris.* Époque Empire.

90 — Paire de candélabres, à trois lumières, en bronze patiné et bronze doré, composés chacun d'une statuette de femme debout, drapée, portant au-dessus de la tête un thyrse à draperie sur lequel reposent les douilles porte-lumières. Base triangulaire. Socle en marbre. Époque Empire.

91 — Pendule en bronze ciselé doré, représentant le Char de l'Amour, sur socle rectangulaire. Le mouvement est contenu dans une des roues, et porte la marque : *Boulée Eve de Lépine, Hger de l'Impératrice, à Paris.* Époque Empire.

92 — Paire de candélabres, à cinq lumières, en bronze ciselé et doré, composés chacun d'une statuette de femme debout, drapée à l'antique, portant le bouquet de lumières. La tige centrale est enroulée d'un serpent attaquant un aigle formant couronnement. Socle quadrangulaire. Epoque Empire.

93 — Pendule en bronze ciselé, doré et patiné, figurant une cheminée monumentale, couronnée par le mouvement marqué : *Destigny, à Rouen*, surmonté d'un coq ; de chaque côté, une aiguière ; sur la terrasse, une statuette d'homme drapé à l'antique et un amour. Contre-socle en marbre de Sienne. Époque Empire.

94 — Pendule en bronze ciselé et doré, avec sujet : Zéphyr et l'Amour. Le cadran marqué : *Haullier et fils, A Paris*. Epoque Empire.

95 — Pendule en bronze ciselé doré, composée d'un socle rectangulaire, sur lequel repose le mouvement couronné d'attributs guerriers, et une femme allégorique, debout. Epoque Empire.

96 — Pendule en bronze ciselé et doré, avec figure de femme allégorique debout, appuyée contre une borne soutenant le mouvement. Epoque Empire.

97 — Pendule en bronze ciselé et doré, ornée d'une figure de Flore. Epoque Empire.

98 — Deux coupes en cristal taillé, sur pied triangulaire en bronze ciselé doré, à feuillage. Epoque Empire.

99 — Pendule en bronze ciselé et doré, avec statuette de musicien et de musicienne ; le mouvement supporte un pupitre à musique. Le cadran est marqué : *Sournat, rue du Bouloy, n° 4, à Paris*. Socle en bois contenant une musique. XIXe siècle.

100 — Pendule en bronze doré et bronze patiné, présentant Orphée tenant une lyre sur le mouvement, dont le cadran porte la marque : *Sironval j^ne, rue de Bussy, n° 29*. Epoque Empire.

101 — Paire de vases en bronze ciselé et doré, à deux anses, et piédouche, sur base quadrangulaire, décor de palmettes, pampres de vigne, cariatides, rinceaux. etc. Epoque Empire.

102 — Deux coupes de surtout en bronze ciselé et doré, à décor de feuillages; munies de deux plateaux en verre taillé. Epoque Restauration.

103 — Deux petits plateaux de surtout en bronze patiné et doré. Fond de glace. Epoque Restauration.

104 — Coupe en bronze ciselé et cristal : statuette de femme debout, tenant la coupe sur sa tête. XIXe siècle.

105 — Flambeau, à deux lumières et abat-jour sur tige avec statuette d'homme debout, en bronze patiné et doré. XIXe siècle.

106 — Coupe, formée d'un mortier en porphyre, comprise dans une monture en bronze ciselé et doré, formée de trois dauphins reposant sur une base triangulaire. Collerette simulant des givres. XIXe siècle.

107 — Flambeau en bronze ciselé doré, à deux lumières et abat-jour en tôle, sur tige.

108 — Petite pendule en bronze ciselé doré; le mouvement contenu dans un cartouche à consoles et mufles de lion, accoté d'une figure d'amour guerrier, et de trophées. Socle en bois noir avec frise d'entrelacs et rosaces. Epoque Louis XVI.

109 — Garniture, comprenant une pendule et deux lampadaires, en bronze patiné et bronze doré, formés chacun de deux enfants nus, maintenant le mouvement et les bouquets de lumière.

110 — Paire d'appliques, à trois lumières, de forme mouvementée, à décor de rocailles et feuillages. Époque Louis XVI.

111 — Trois pièces de surtout en bronze argenté, à figures d'enfants et guirlandes, munies de plateaux en cristal, avec couronne royale en relief et les initiales *F. I.*

(Vente de la reine Isabelle, mai 1905.)

112 — Paire d'importants candélabres, à cinq lumières, en bronze ciselé, patiné et doré, composés chacun d'un buste de femme engainée, portant un bouquet de rinceaux. Socle quadrangulaire, mouluré. Fin du XVIIIe siècle.

113 — Paire de vases couverts, de forme ovoïde, à piédouche, base carrée, en porphyre; monture en bronze ciselé doré, anses-têtes de béliers, guirlandes, feuillages, bouton de couronnement.

SIÈGES

114 — Fauteuil canné, en bois sculpté repeint, décor de coquilles rocailles, feuillage. Époque Louis XIV.

115 — Fauteuil canné, en bois sculpté redoré, de forme mouvementée. Estampille de *F.-B. Callet.* Époque Louis XV.

116 — Fauteuil en bois sculpté peint blanc, époque Louis XV, garni d'ancienne tapisserie-verdure.

117 — Fauteuil en bois mouluré peint blanc, dossier et accotoirs mouvementés. Fin de l'époque Louis XV.

118 — Bergère en bois sculpté mouluré peint blanc, époque Louis XVI. Garnitures de velours marron à rayures.

119 — Deux fauteuils, à dossier mouvementé, en bois sculpté, mouluré, peint blanc. Estampille *de Delanois.* Époque Louis XVI. Ils sont garnis de tapisserie moderne.

120 — Fauteuil de bureau en bois mouluré, garni de peau de porc. Époque Louis XVI.

121 — Petit ameublement de salon en bois sculpté peint, comprenant : un canapé et quatre fauteuils, garnis de soie brochée, à petites rayures et fleurettes. Époque Louis XVI.

122 — Fauteuil en bois sculpté peint blanc. recouvert de même étoffe. Epoque Louis XVI.

123 — Petit ameublement de salon, comprenant : six fauteuils et un canapé, en bois sculpté, peint blanc, décor à nœuds de ruban. XVIIIe siècle. Garniture d'étoffe brochée.

124 — Fauteuil en bois sculpté, époque Louis XV, recouvert de velours rouge.

125 — Fauteuil en acajou sculpté, à décor de rosaces, palmettes, volutes ; siège et dossier garnis de peau de porc. Epoque Empire.

126 — Deux chaises, à dossiers concaves, en acajou marqueté de filets de bois noir. Epoque Directoire. Les sièges sont munis d'un coussin mobile en velours vert.

MEUBLES

127 — Cabinet en ébène mouluré, ouvrant à deux portes dissimulant de nombreux tiroirs, et à couvercle. L'intérieur des portes, du couvercle et les tiroirs sont ornés de peintures à paysages animés de personnages. Il repose sur une console, à colonnettes de marbre, et enrichi d'ornements, appliques en argent. XVIIe siècle.

128 — Régulateur en bois noir, de forme mouvementée, orné de bronze à rocailles, cartouche, encadrement de lunette, chutes, etc. Le cadran marqué : *Deveberie à Paris.* Epoque Régence.

129 — Commode, de forme mouvementée, en bois de placage, munie de trois rangs de tiroirs. Le rang inférieur évidé au centre. Elle est enrichie d'encadrements, de chutes à mascarons, poignées de tirage, entrées de serrures et sabots à palmettes en bronze. Dessus de marbre marron veiné. Epoque Régence.

130 — Commode, de forme mouvementée, en bois de placage, ouvrant à quatre tiroirs. Dessus de marbre. Époque Régence. Elle est enrichie de bronzes ciselés et dorés, chutes, poignées de tirages, etc., cannelures incrustées de cuivre. Elle porte derrière une étiquette de *Bertin.*

131 — Paire d'encoignures en marqueterie, de forme mouvementée. Elles sont munies chacune de deux portes; décor de mosaïque losangée. Dessus de marbre. Epoque Régence. Ornements de bronzes ciselés dorés ; encadrement, sabots, etc.

132 — Grande commode, de forme mouvementée, ouvrant à quatre tiroirs, en bois de placage et filets d'encadrement. Elle porte l'estampille de *P. Roussel*. Dessus de marbre. Epoque Louis XV. Garniture de poignées de tirage, chutes, sabots, entrées de serrure en bronze.

133 — Commode, de forme contournée, à deux tiroirs, sur pieds élevés, en bois de placage. Elle porte l'estampille de *G. Schwinghem*. Dessus de marbre. Epoque Louis XV. Garniture de bronze ciselés et dorés.

134 — Petite commode, de forme légèrement mouvementée, en marqueterie ; elle ouvre à trois tiroirs. Garniture de bronzes, tels que : chutes, petites poignées de tirage, sabots, etc. Dessus de marbre gris. Epoque Louis XV.

135 — Petite commode, de forme légèrement mouvementée, en marqueterie ; elle ouvre à trois tiroirs. Garniture de bronzes ciselés et dorés. Dessus de marbre. Epoque Louis XV.

136 — Deux encoignures, de forme mouvementée, en marqueterie, à carrelage. Elles sont munies de deux portes. Dessus de marbre. Epoque Louis XV.

137 — Coiffeuse, de forme mouvementée, en bois de placage. Époque Louis XV.

138 — Bureau, dit *dos d'âne*, à quatre faces, en marqueterie de bois de couleur. L'abattant présente un vase de fleurs, des rinceaux et oiseaux. Époque Louis XV. Garniture de bronze.

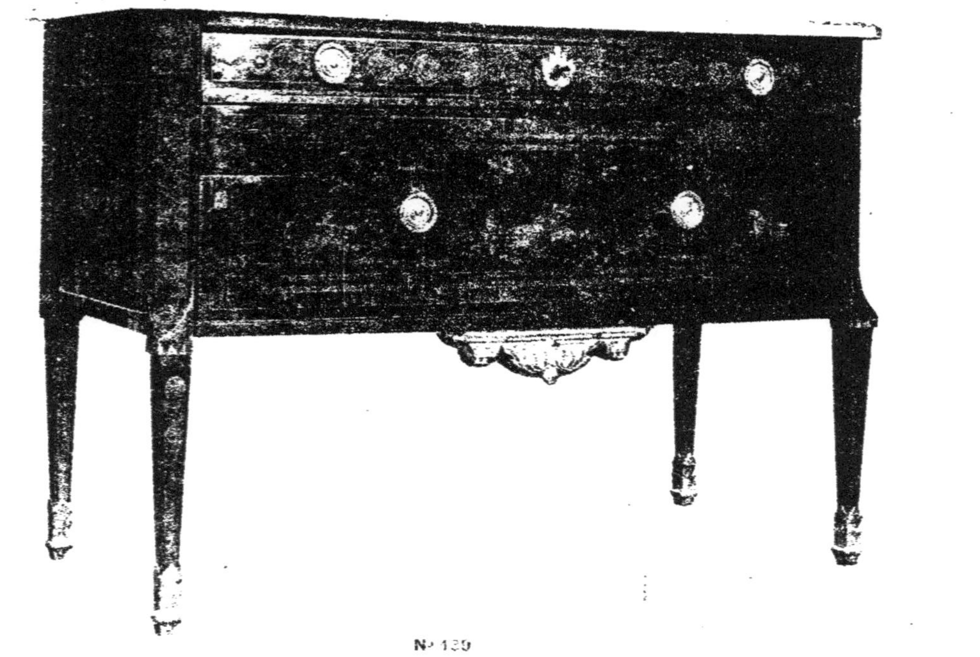

Nº 139

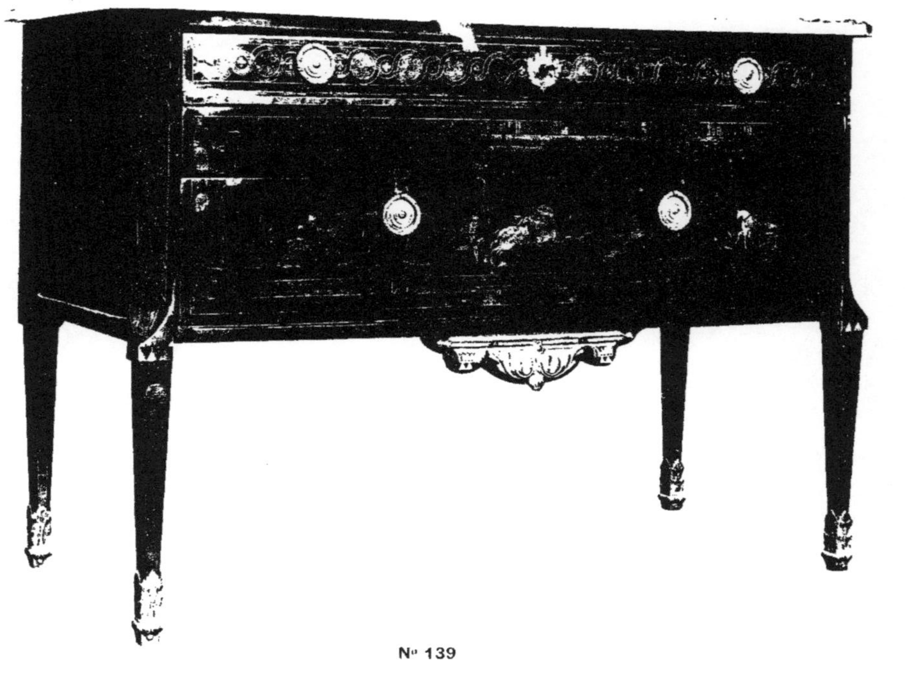

N° 139

139 — Commode, de forme droite, à angles abattus, munie de deux tiroirs, en marqueterie de bois de couleurs, décor offrant une chasse à courre, des trophées militaires, chutes à culot, et frise d'entrelacs. Estampille. Dessus de marbre blanc. Époque Louis XVI.

140 — Commode en acajou mouluré, à trois rangs de tiroirs, pilastres arrondis et cannelés. Dessus de marbre blanc. Époque Louis XVI.

141 — Lit en bois mouluré sculpté ciré, à cannelures, rosaces et pommes de pin. Panneaux en étoffe à rayures. Époque Louis XVI.

142 — Console d'applique en bois sculpté redoré, à guirlandes de perles. Dessus de marbre. Époque Louis XVI.

143 — Petite console-servante rectangulaire en acajou. Pieds-colonnettes cannelés, à tablettes d'entrejambes. Elle est munie d'un tiroir. Plaques et bagues en cuivre. Dessus de marbre blanc encastré. Époque Louis XVI.

144 — Petite console servante en acajou, à côtés cintrés; pieds cannelés à tablettes d'entrejambes. Elle est munie d'un tiroir dans la ceinture. Dessus de marbre blanc, ceinturé d'une galerie ajourée en cuivre. Époque Louis XVI.

145 — Meuble à raser en acajou, muni de tablettes de marbre blanc, et ouvrant à trois tiroirs et une porte. Écran mobile avec glace. Encadrement de baguettes de cuivre. Époque Louis XVI.

146 — Secrétaire droit en bois de placage, ouvrant à abattant, deux portes et un tiroir. Il est orné de cannelures simulées. Dessus de marbre. Epoque Louis XVI.

147 — Table tric-trac rectangulaire en acajou, sur quatre pieds fuselés creusés de cannelures. Epoque Louis XVI.

148 — Ecran en bois sculpté ciré. Epoque Louis XVI. Il est muni d'une feuille en tapisserie au point, personnages dans des rinceaux.

149 — Table-poudreuse en marqueterie, sur pieds cambrés. Le dessus présente des vases de fleurs et un trophée d'attributs de musique. XVIIIe siècle.

150 — Petit bureau, dit *Tronchin*, en acajou. Fin du XVIIIe siècle.

151 — Grande horloge en bois sculpté ciré. XVIIIe siècle.

152 — Bureau à deux corps, de forme mouvementée, en marqueterie de bois. La partie inférieure ouvrant à abattant et tiroirs ; la partie supérieure, munie de deux portes à glace et couronnée par un fronton à volutes. XVIIIe siècle.

153 — Bureau plat en acajou, muni de tiroirs et de baguettes de cuivre, pieds fuselés cannelés. Dessus de basane. Fin du XVIIIe siècle.

154 — Vitrine en bois de rose et filets en bois de couleur, ouvrant à deux portes, surmontée d'un tiroir. Dessus de marbre. En partie du XVIIIe siècle.

155 — Berceau d'enfant en acajou, richement décoré de bronzes ciselés et dorés, tels que : couronnes, appliques à palmette et feuillage, pieds à griffes, etc. Epoque Empire.

156 — Commode en acajou, à quatre rangs de tiroirs, colonnettes détachées sur les côtés, ornée de bronzes. Dessus de marbre. Époque Empire.

157 — Harpe en bois sculpté peint, partiellement doré; à têtes de bélier, frise de rinceaux, figures de génies. Elle porte la marque : *Georges Blaicher à Paris 1819*.

158 — Harpe en bois noir sculpté, partiellement doré, décor à feuillages, têtes de béliers enguirlandées. La table d'harmonie est ornée de fleurs peintes au vernis. Elle porte la marque : *Sébastien Erard Patent. London n° 229. N° 18 Great Marlborough street*. Commencement du XIXe siècle.

159 — Petit bureau de dame bonheur-du-jour en acajou et bois de placage noir. La partie supérieure ouvre à deux portes à rideaux, masquant des tiroirs. Dessus de marbre blanc ceinturé d'une galerie ajourée en cuivre. Commencement du XIXe siècle.

160 — Secrétaire en acajou et cuivre, ouvrant à abattant et quatre tiroirs. Époque Louis XVI. Dessus de marbre blanc.

161 — Petit lit de repos en bois sculpté peint blanc. Commencement du XIXe siècle.

162 — Petite table-tricoteuse en bois clair; pied-lyre. Époque Restauration.

DENTELLES

163 — Aube en ancien point de France Louis XIV, décor de grands ramages, fruits, coquilles.

Haut., 65 cent.; long., 2 m. 70 cent.

(*Voir la reproduction.*)

164 — Deux sabots de manche en ancien Venise plat.

Chaque. Haut., 17 cent.; larg., 44 cent.

165 — Coupe en ancien point d'Alençon.

Haut., 11 cent.; long., 4 m. 55 cent.

166 — Coupe en ancien point d'Alençon.

Haut., 10 cent.; long., 3 m. 50 cent.

167 — Barbe en binche ancien; motif cartouches et fleurettes.

Larg., 10 cent.; long., 1 m. 15 cent.

168 — Echarpe en ancienne application d'Angleterre : fleurs, feuillages, rinceaux.

Haut., 65 cent.; long., 3 mètres.

169 — Echarpe en ancienne application de Bruxelles, à motifs, ruban simulé et branchages de fleurs.

Haut., 50 cent.; long., 3 m. 50 cent.

170 — Jupe, en deux morceaux, en tulle brodé. XIXe siècle.

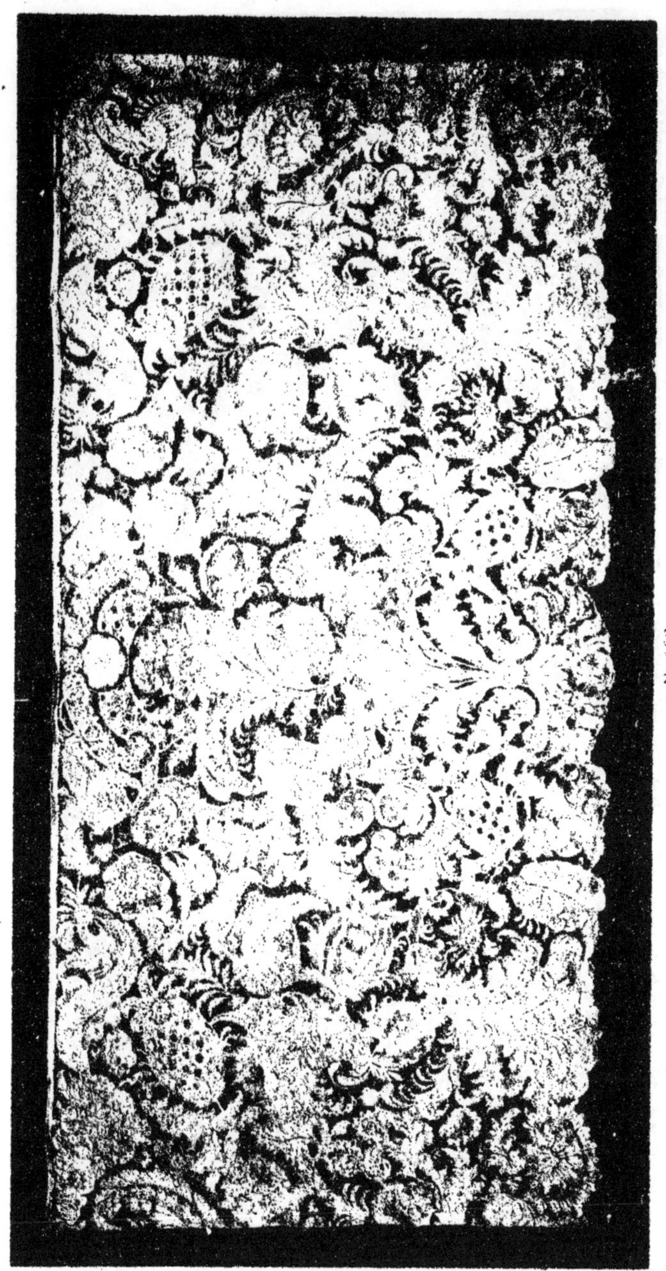

N° 163

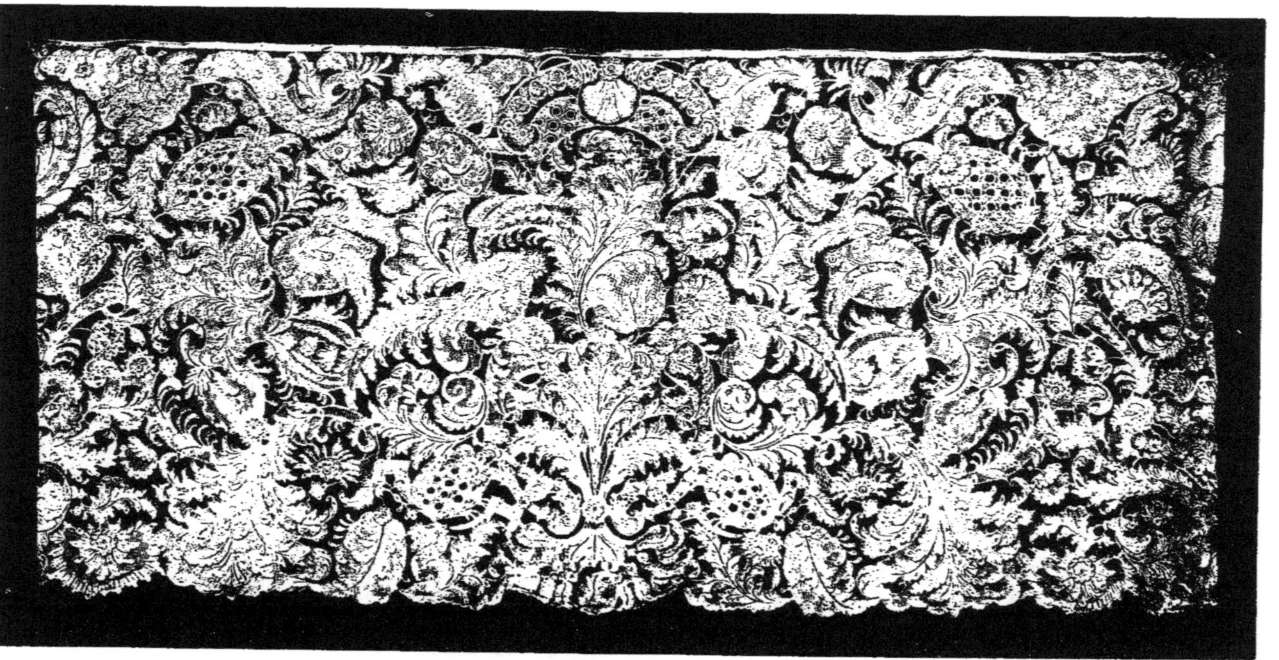

N° 163

Phototypie Berthaud, Paris

171 — Petit panneau rectangulaire en toile, fil tiré et carré de Venise, décor de feuillages, animaux, rosaces. Travail ancien.

172 — Autre panneau rectangulaire plus petit, fait de panneaux en fil tiré, et petits carrés de Venise. Travail ancien.

173 — Petit napperon rectangulaire en fil tiré, bordé de feuilles. Travail ancien.

174 — Petite bande en ancien fil tiré, bordée de guipure.

175 — Volant en fil tiré, à motif de cerfs et de feuillages stylisés.

Haut., 62 cent.; long., 2 mètres.

176 — Deux coupes de dentelle au fuseau. Motifs stylisés.

Haut., 16 cent.; larg., 2 m. 05 cent.

ÉTOFFES, BRODERIES

177 — Garniture de selle, en trois pièces, en velours rouge, brodée d'argent. XVIIe siècle.

178 — Chasuble en velours rouge, ornée de bandes de brocart à fond jaune à fleurs, galonnée d'argent doré. XVIIe siècle.

179 — Chape avec son chaperon en brocart tissé d'or, et broché à bouquets de fleurs semés. XVIIIe siècle.

180 — Petit panneau, à décor de corbeille de fleurs, en broderie au point de chaînette en soie et broderie de métal. XVIIIe siècle. Réappliquée sur un panneau de soie crème.

181 — Bandeau en soie crème brochée à fleurs et feuillage en couleur, bordé d'un galon jaune tissé de métal. XVIIIe siècle.

182 — Chasuble en brocart, décor à fleurs, soutachée de galon de métal doré. XVIIIe siècle.

183 — Deux chasubles en brocart, fond crème et jaune, décor de fleurs, soutachées de galon d'argent doré. XVIIIe siècle.

184 — Bandeau en soie, à rayures roses, jaunes et vertes, galonné de métal doré. Époque Empire.

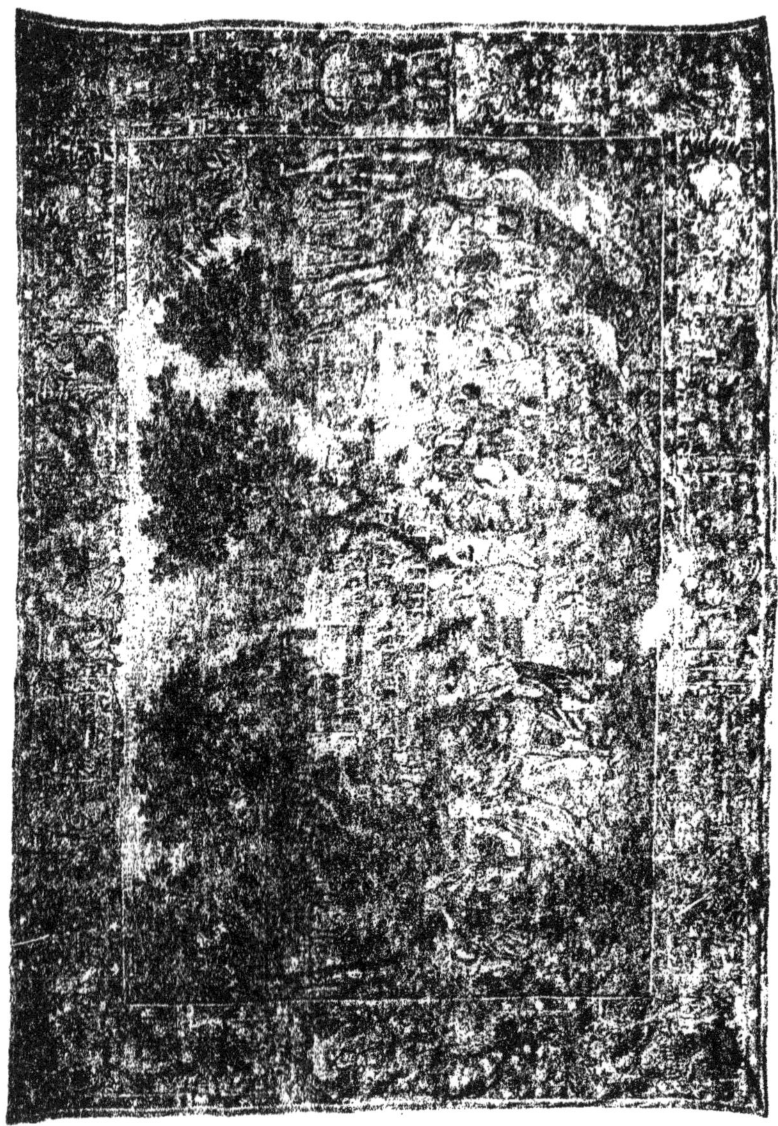

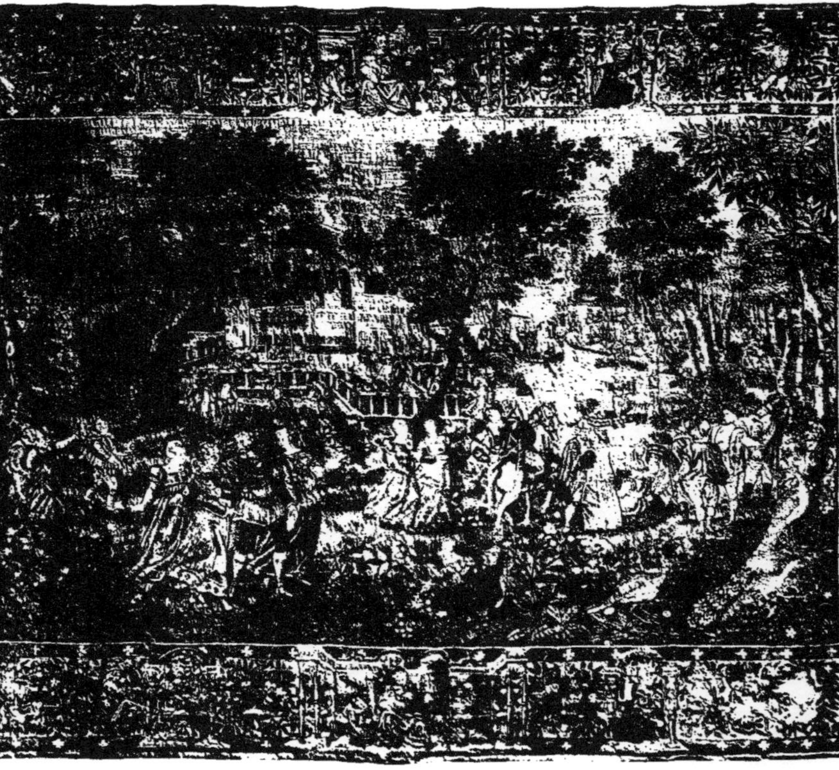

N° 185

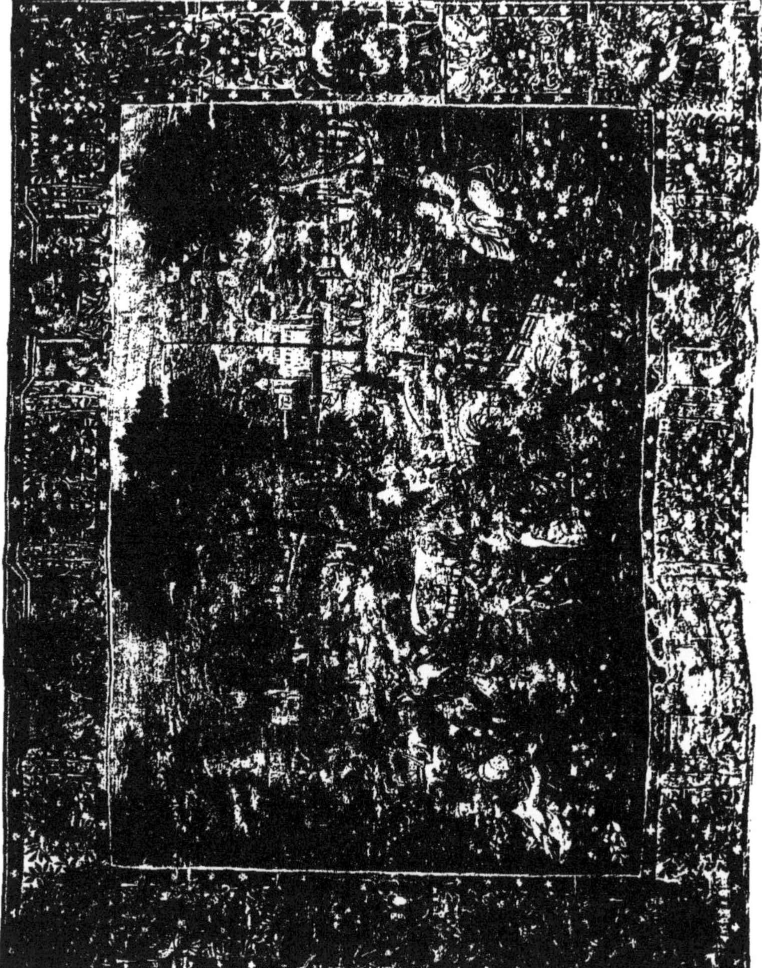

N° 186

TAPISSERIES

185 — Tapisserie rectangulaire des Flandres, du XVIe siècle, présentant une fête dans le parc d'un château, avec terrasse à balustrade. Le paysage est animé de nombreux personnages; à droite, un cours d'eau avec nacelles, montées par des hérauts sonnant de la trompe. Fond de collines. Encadrement de bordure à cariatides, fleurs et fruits. (*Peut faire suite à la suivante.*)

Haut., 3 m. 50 cent.; larg., 4 m. 65 cent.

(*Voir la reproduction.*)

186 — Tapisserie rectangulaire des Flandres, du XVIe siècle, présentant une fête de village. Au premier plan, une charrette au bord d'un petit cours d'eau sur lequel est jeté un pont. La composition est animée de nombreux petits personnages. Dans le fond, châteaux, habitations, collines. Encadrement de bordure à cariatides, figures, fleurs et fruits. (*Peut faire suite à la précédente.*)

Haut., 3 m. 50 cent.; larg., 4 m. 50 cent.

(*Voir la reproduction.*)

187 — Tapisserie rectangulaire, de la fin du XVIe siècle, présentant l'Audience d'un roi. Encadrement de bordure, torsades de fruits, fleurs et feuillages.

Haut., 2 m. 75 cent.; larg., 2 m. 25 cent.

188 — Tapisserie rectangulaire, de la fin du XVIe siècle, présentant un festin de seigneurs dans un parc, animé de nombreux personnages, avec inscription : *Meuman*, *Baratha, Vash.* Encadrement de bordure à chutes de fruits, coupes. Au centre de la bordure inférieure, un cartouche.

Haut., 3 m. 05 cent.; larg., 3 m. 80 cent.

189 — Tapisserie rectangulaire, de la fin du XVIe siècle, présentant une composition à grands personnages, tirée de l'histoire ancienne. Encadrement de bordure à gros fruits et feuillages.

Haut., 2 m. 40 cent.; larg., 3 m. 05 cent.

190 — Tapisserie rectangulaire, de la fin du XVIe siècle, présentant le Jugement d'une reine. Encadrement de bordure, à chutes de fleurs et fruits, vases, figures allégoriques dans des niches à dais.

Haut., 2 m. 45 cent.; larg., 2 m. 30 cent.

191 — Tapisserie rectangulaire, de la fin du XVIe siècle, présentant un roi rendant la Justice, assis sur un trône dans un paysage. Encadrement de bordure, à guirlandes de fleurs et fruits, figures, cartouche aux angles, figures assises.

Haut., 2 m. 45 cent.; larg., 2 m. 45 cent.

192 — Tapisserie rectangulaire, verdure des Flandres, du XVIIe siècle, présentant un paysage avec cours d'eau, pont, oiseaux, fond de collines. Bordure d'encadrement à fleurs, lambrequins, oiseaux; dans chaque milieu, un cartouche avec petit paysage.

Haut., 3 m. 35 cent.; larg., 2 m. 85 cent.

193 — Autre tapisserie de la même suite, composition analogue.

Haut., 3 m. 35 cent.; , 2 m. 85 cent.

194 — Tapisserie rectangulaire d'Aubusson, du XVIIIe siècle, présentant Joseph et la femme de Putiphar. Encadrement de bordure, à cordon de feuillages, fleurs et fruits sur fond noir; aux angles, motifs à quadrillés losangés.

Haut., 1 m. 90 cent.; larg., 2 m. 75 cent.

195 — Panneau rectangulaire en tapisserie-verdure des Flandres, du XVIIe siècle, présentant un paysage accidenté et boisé.

Haut., 2 m. 80 cent.; larg., 1 m. 90 cent.

196 — Panneau étroit en ancienne tapisserie du XVIIe siècle, présentant une femme assise dans un paysage. Encadrement fait d'une petite bordure en partie ancienne.

Haut., 90 cent.; larg., 2 mètres.

197 — Tapisserie rectangulaire d'Aubusson, époque Louis XIV, présentant le Triomphe d'un empereur romain. Encadrement de bordure à trophées d'attributs militaires, sur trois côtés.

Haut., 2 m. 50 cent.; larg., 4 m. 75 cent.

198 — Deux garnitures de fauteuil, sièges et dossiers, en ancienne tapisserie de Beauvais, présentant des gerbes de fleurs sur fond blanc, au centre de couronnes de fleurettes et rinceaux, sur contrefond jaune. Fin du XVIIIe siècle.

199 — Objets omis.

www.ingramcontent.com/pod-product-compliance
Ingram Content Group UK Ltd.
Pitfield, Milton Keynes, MK11 3LW, UK
UKHW021514260726
13993UKWH00004B/1661